AF599446

Parques abandonados

Obra ganadora

V Premio Internacional de Poesía Breve M.ª Teresa Espasa

www.lasturaediciones.com
info@lastura.es

Editado en Madrid, España.

Primera edición: septiembre, 2024

Depósito Legal: M-20258-2024
ISBN: 978-84-128790-4-9

Impreso en Antequera, Málaga
Printed in Spain

Jorge Ortiz Robla

PARQUES ABANDONADOS

Obra ganadora

V Premio Internacional de Poesía Breve M.ª Teresa Espasa

Plataforma de Escritoras del Arco Mediterráneo

INTRODUCCIÓN

El Premio Internacional de Poesía Breve 'M.ª Teresa Espasa' está convocado por la Plataforma de Escritoras del Arco Mediterráneo. En esta quinta edición se recibieron 394 obras desde todas partes del mundo.

El fallo del V Premio Internacional de Poesía Breve 'M.ª Teresa Espasa' tuvo lugar el 23 de abril de 2024, Día Internacional del Libro. El jurado estuvo presidido por María Teresa Espasa y formado por Mar Busquets-Mataix, Helena de Val y Pascual Casañ, como vocales, y Elia Saneleuterio Temporal como secretaria sin voz ni voto. Este jurado acordó por mayoría conceder el premio a la obra *Parques abandonados*. Abierta la plica, el ganador resultó ser el poeta canario afincado en Valencia Jorge Ortiz Robla.

Jorge Ortiz Robla nació en Las Palmas de Gran Canaria en 1980. Sus poemas aparecen en diversas antologías y revistas. Ha publicado los poemarios *Dépayser* (Ediciones del 4 de agosto, 2024), *Por encima de todos los arbustos. Por debajo de todas las flores. [Antología Poética 2024-2014]* (Lastura, 2024), *La Teja* (Esdrújula Ediciones, 2023), *República* (Lastura, 2022), *M.A.O. [Carta a un padre]* (Fundación CajaCanarias, 2021), *Restauro [Tratado de Conservación]* (Editorial Zoográfico, 2021), *Mapa Físico* (Olé Libros, 2019), *Cuerdas de tender* (Editorial Juglar, 2019), *Resiliencia* (Lastura, 2019), *El Lenguaje de la Luz / A linguagem da luz. Edición Bilingüe* (Gato Bravo editora, Portugal, 2018), *Doma* (Lastura, 2018), *La simetría de los insectos* (Lastura, 3ª edición 2016), *Presbicia* (Baile del Sol, 2016), el cuento ilustrado *Aniram* (Lastura, 2017), el poemario infantil *Cocolagartortugo* [Bestiario Infantil] (Lastura, 2018) y el libro de adivinanzas ilustrado *¿Qué es lo que es?* (Lastura, 2021) junto a su hija Candela. Ha recibido el Accésit del Premio de Poesía Esdrújula 2022, el Premio Dulce Chacón de Poesía 2022, el Premio "Pedro García Cabrera" CajaCanarias 2021, el Primer Premio en el I Certamen Nacional de Poesía Pintor José Lapasió (2019), entre otros. Codirige la *Revista Crátera de Crítica y Poesía Contemporánea.*

Parques abandonados es un ajustado manojo de poemas breves libres, bien estructurados que combinan, con cohesión, versos de variada temática y extensión, quedando reforzados, a veces, por ajustadas citas. El contenido cuidadosamente ofrece al lector o lectora pinceladas de imágenes, en las que prima más lo que estos versos sugieren y dejan en el aire, siempre con una gran fuerza que acaba agarrando a quien se acerca a ellos. Son poemas que aportan sutileza, delicadeza y un lenguaje cuidado, contraponiendo diferentes realidades que invitan a la profundidad. Se trata de una clara apuesta por la estética en medio de una reflexión ética en torno al tiempo y a la justificación de la poesía más allá de un mero juego de sensaciones.

Parques abandonados

Contemplar es una casa que se ha quedado sin ventanas.

Ana Muñoz

Sólo hablaré del absurdo
que arrastra las cenizas de febrero.

María Teresa Espasa

¿Cómo se hace
para jugar a la mariposa y el cazador
sin ser el cazador ni la mariposa?

Andrea López Kosak

A la juventud
y a los pájaros que trinan

A Candela y Cintia,
canto y luz

DOGMA

Escribir con la piel
para marcar la verdad
de nuestros cuerpos.
Que las cicatrices sean los renglones
donde habite
la palabra *sobrevivir.*

PAISAJE

Nos adoptaremos en la parte más necesaria de nuestra existencia.
Marta Fuembuena

El tiempo es un recodo,
una piedra que, arrastrada por el río, choca.
Los árboles alzados
son como lápices
dibujando un paisaje en negativo
    sobre la nieve.

La poesía es un silencio
    que nos habla.

MATEMÁTICAS

Hay cerezos en flor
y una lluvia de morteros que, en picado,
como pájaros, buscan su presa.
Esa es la operación entre el odio y la belleza.
El resto; el canto seco de los muertos.

TRADUCIR UN INSTANTE

EL AMOR EN BRUTO no sirve.
Hay que dosificarlo.
Pilar Adón

Me ofreces tu fruto
como una granada abierta.
Y yo, ser de paz
          y de costumbre,
lo tomo entre mis manos
          y lo acaricio
como a un pájaro,
que, herido,
quiere volver a piar.

INTEMPERIE

Hoy es epílogo.
Elena Medel

Donde la luz se pierde
allá, tras los tejados,
hay pájaros que huyen.

Como un temple en rojo óxido
o un lienzo en azul añilado
tejen el sueño
velados por sus sombras
e intrépidos planean,
en la espesura del silencio,
reafirmando así
que todo es un lugar que se descose
y nos recuerda lo que fuimos
y lo que somos.

HOJAS DE BOJ

Afirmo que el amor son las palabras.
Que no existe el amor si no se dice.
Antonio Praena

Lo llamamos amor,
cariño, confianza o deseo.
Lo que hemos de tener claro es
que es la clave del gozo.

Como esa hoja de boj
que, debajo de nuestra lengua,
aporta aliento en el camino.

UN SEGUNDO DE ATENCIÓN

Para Aurora Ortiz y su granado

Las ramas del granado son
un muestrario de nombres.
En cada fruto persiste la herencia
de cientos de mujeres
y de hombres
que labraron la tierra
con sus manos de barro y despedida.

Por su tronco circula la savia de un pueblo,
la memoria cíclica y oral
          de las perseidas,
el fuego azul cobalto de los pájaros,
la ceniza de cuerpos frágiles, dormidos.

Acércate a tocar su tronco.
Por una vez guarda silencio.
Préstale un segundo de atención.
¿No oyes gritar
a su raíz entre la lluvia?

EN LA CAMA

Con David González

A solas con el lenguaje, hablo.
Hago preguntas al silencio;
¿Cuándo regresará la flor del tilo?
¿En qué lagar reposará la nieve?
¿Qué lleva al hombre a violar
y matar a sus semejantes?
Pero él nunca responde.
Tan solo escucha.

PARQUES ABANDONADOS

Quizás lo que nos salva
son los raros momentos
en que no pasa nada.
Lola Mascarell

Intentas mirar más allá.
Lo que ocultan los vientres de las nubes,
los sueños neonatos
de una infancia caduca,
el eco del giro de una hoja fusiforme,
el nervio que precede al encuentro furtivo
o el silencio del francotirador
que antecede al disparo.

Intentas mirar más allá,
cuando la memoria es un parque abandonado.
Un antojo metálico
justo en el centro del asfalto.

TANKA DEL RUISEÑOR

Huir no es posible:
Cualquier abismo es un principio.
Bruno Mesa

Un niño escucha
posarse a un ruiseñor
sobre unas ruinas.

Con su cantar reclama
el futuro de un pueblo.

SOLO UNA PREGUNTA

¿Qué poema llevarás de regreso a casa
si la casa es todo aquello que pisas
y el poema solo es
un hermoso y certero
truco de magia?

ÍNDICE

Introducción ... 7

PARQUES ABANDONADOS ... 11

Dogma ... 17

Paisaje ... 18

Matemáticas ... 19

Traducir un instante ... 20

Intemperie ... 21

Hojas de boj ... 22

Un segundo de atención ... 23

En la cama ... 24

Parques abandonados ... 25

Tanka del ruiseñor ... 26

Solo una pregunta ... 27